Coleção  Primeiros Passos

263

Paulo Urban

O QUE É TARÔ
(Uma visão oracular)

editora brasiliense

Copyright © by Paulo Humberto Urban Pimentel, 1992

Nenhuma parte desta publicação pode ser gravada, armazenada em sistemas eletrônicos, fotocopiada, reproduzida por meios mecânicos ou outros quaisquer sem autorização prévia da editora.

Primeira edição, 1992
1ª reimpressão, 2004

Preparação de Originais: Laura Bacellar
Revisão: Carmem T. S. Costa
Capa: Arcano I do Tarô de Marselha, o Mago

Dados Internacionais de Catalogação na Publicação (CIP)
(Câmara Brasileira do Livro, SP, Brasil)

Urban, Paulo, 1965-
  O que é tarô : (uma visão oracular) / Paulo Urban. – São Paulo : Brasiliense, 2004. – (Coleção primeiros passos, 236)

1ª reimpr. da 1. ed. de 1992.
ISBN 85-11-01263-X

1. Tarô   I. Título. II. Série.

04-3882   CDD-133.32424

Índices para catálogo sistemático:
1. Tarô : Artes divinatórias : Ciências ocultas
133.32424

editora brasiliense s.a.
Rua Airi, 22 - Tatuapé - CEP 03310-010 - São Paulo - SP
Fone/Fax: (0xx11) 6198-1488
E-mail: brasilienseedit@uol.com.br
www.editorabrasiliense.com.br

livraria brasiliense s.a.
Rua Emília Marengo, 216 - Tatuapé - CEP 03336-000 - São Paulo - SP
Fone/Fax (0xx11) 6675-0188

SUMÁRIO

Por que oracular? 7
O tarô e a psicologia junguiana 17
A finalidade prática do tarô 22
Cartomancia e superstições 28
Os arcanos maiores 34
Indicações para leitura 87

Para Caio Graco
que viveu de forma
autêntica o arquétipo do Mago
do tarô, sempre buscando
idéias novas para acrescentar
luz ao coração dos
homens.

POR QUE ORACULAR?

Seria arriscado dar uma resposta simplista à pergunta "o que é tarô?". Sabemos que constitui um dos mais populares baralhos usados no exercício da cartomancia. No entanto, minha proposta é a de apresentar este tão famoso baralho sob uma visão oracular, ressaltando aspectos muito além de seu caráter adivinhatório.

Os oráculos, ao contrário do que muitos pensam, não se resumem em sistemas de adivinhação do futuro ou profecias fatalistas. Antes, mediante as respostas que oferecem às perguntas que lhes são formuladas, permitem aos consulentes que a eles recorrem a possibilidade de que repensem suas próprias questões e reflitam mais profundamente a seu respeito, a fim de que possam (re)orientar-se o melhor possível em face da dúvida presente.

Neste texto, procurarei desmistificar o tarô. O enfoque que adoto pretende mostrar que a verdadeira natureza do tarô não reside absolutamente no fato de que por meio de suas cartas se pode descobrir o futuro, o que seria por demais temerário admitir, mas sim que por meio do estudo do tarô tomamos contato com um mundo simbolicamente muito rico, intimamente relacionado com o nosso psiquismo.

Um dos principais objetivos deste livro é justamente o de abordar as relações existentes entre o tarô e o ser humano, revelando a importância desse baralho. Não é minha intenção aprofundar muito essa análise, o que só poderia ser feito num livro mais extenso, mas espero fornecer subsídios para que cada leitor sinta-se razoavelmente embasado para continuar por si a viagem interminável através das cartas do tarô, tornando-se capaz de abstrair o sentido dessas curiosas figuras e assim descobrir coisas surpreendentes a respeito de si próprio.

Uma viagem pelas cartas do tarô é, sobretudo, uma jornada por nossas profundezas. O tarô nos convida a penetrar em seu mundo simbólico e a seqüência de suas cartas nos conta a história do ser humano em busca de si mesmo. Dessa forma, longe de ser apenas um jogo de adivinhação, o tarô pode servir como um sistema-guia para o autoconhecimento.

A Estrutura do Tarô

O tarô é um baralho de origem desconhecida, constituído de 78 cartas separadas em dois grandes grupos.

Resenha Histórica

Muitas teorias tentam elucidar a origem do tarô. Embora todas procurem esclarecer seu surgimento, caracterizam-se mais pela inconsistência dos argumentos que apresentam do que pela presença de alguma prova realmente irrefutável.

O mais comumente aceito entre os pesquisadores é que os jogos de cartas mais primitivos tenham se originado na China e na Coréia por volta do século XI, ou, na mais remota hipótese, entre os séculos VII e X, quando reinou na China a dinastia T'ang (618-908). Presume-se isto com base nos desenhos encontrados no dinheiro circulante na época, que teriam servido de modelo para as figuras das cartas de baralho.

Há estudos, contudo, que procuram localizar o surgimento do tarô na Índia antiga, e atribuem ao tarô e ao jogo de xadrez uma origem em comum. Não deixa de ser uma hipótese curiosa, visto que as peças do jogo muito se assemelham às figuras das cartas do tarô, além de tanto o xadrez quanto o tarô utilizarem a mesma base numérica, o número quatro. No tarô há quatro naipes e em cada um deles quatro figuras: o rei, a dama, o cavaleiro e o peão (ou pajem). No xadrez há dezesseis peões (quatro vezes quatro), quatro torres, quatro cavalos, quatro bispos e quatro peças reais: dois reis e duas damas.

Outras pesquisas, historicamente mais sólidas, falam da introdução do jogo de cartas na Europa no século

VIII, quando das invasões árabes pelo Mediterrâneo. Os povos árabes penetraram na Espanha por volta do ano 710, chegaram em Arles, França, em 731 e conquistaram a Sicília em 832. Mais tarde, um sincretismo ainda maior se estabeleceu entre as culturas árabe e européia quando os estrangeiros começaram a trabalhar a serviço dos senhores feudais italianos, além de atuarem como mercenários durante as Cruzadas e, em 1379, lutarem nos exércitos rivais comandados pelos papas Urbano VI e Clemente VII. O cronista Covelluzo cita em 1480, em sua história de Viterbo, que "... no ano de 1379 foi trazido para Viterbo o jogo de cartas que vem do país dos sarracenos e que eles chamam de 'Naib' ". Essa é uma menção interessante, uma vez que a palavra *naib*, de origem árabe, pode ser a origem do termo *naipe*, nome do jogo de cartas em espanhol. É bom lembrar que o sul da Espanha permaneceu sob ocupação árabe até 1492.

Alguns dos ocultistas que se preocuparam com o tema são responsáveis pela desinformação e confusão a respeito da origem do tarô. Eliphas Levi, pseudônimo do abade francês Alphonse Louis Constant, conceituado cabalista do século XIX, foi um dos que defenderam uma origem hebraica para o tarô, procurando estabelecer uma relação entre as 22 cartas maiores do baralho e as 22 letras do alfabeto hebraico, mas não conseguiu livrar sua tese de contradições.

Um outro francês, Antoine Court de Gebelin, apaixonado estudioso de mitologia, já havia escrito no século XVIII uma extensa obra esotérica em nove volumes, *O Mundo Primitivo, analisado e comparado com o Mundo Moderno*, na qual defendia uma origem egípcia para o baralho. A argumentação de Gebelin parte de um amontoado de premissas falsas e dados históricos que ele mesmo inventou para promover sua tese. Mas por ser personagem muito conceituado na corte francesa, suas idéias absurdas foram aceitas como verdade pela nobreza, que na sua maior parte estudo algum tinha para que pudesse refutá-las. As teorias de Gebelin ainda hoje agradam grande parte de pretensos místicos, que, um tanto afoitos, tomam por verdade o axioma "tudo o que é esotericamente fidedigno decerto nasceu no Egito" e forçam explicações para fazer do tarô mais um filho sagrado da Terra dos Faraós.

Não faltam nem mesmo teorias estratosféricas, que vêem o tarô como um presente de deuses de outras galáxias, deixado aqui para nós em época muitíssimo remota. Não bastasse isso, há ainda escolas esotéricas que, insatisfeitas com a falta de provas sobre a origem do tarô, exuberantemente criam histórias fantásticas nas quais o baralho teria sido inventado na já desaparecida, e no entanto tão falada, Atlântida.

Mas, afinal, que baralho é este cujos mistérios e segredos tanto têm intrigado a mente humana, e do qual sequer sabemos a origem?

A realidade é que não só os mais famosos ocultistas e as mais reconhecidas escolas de mistério se preocuparam com o tema como também um dos maiores investigadores do psiquismo humano, o doutor Carl Gustav Jung, considerado por Freud o melhor de seus discípulos, e que acabou por divergir do mestre, formulando seu próprio sistema de compreensão do psiquismo humano, por ele chamado de psicologia analítica.

O TARÔ E A PSICOLOGIA JUNGUIANA

Os 22 arcanos maiores do tarô estão arranjados em uma seqüência que conta uma história simbólica. Essa história é a representação daquilo que os antigos tinham como *iniciação*. Como o nome diz, iniciação era o ato de retirar-se da vida profana para iniciar-se nos mistérios do sagrado.

As iniciações eram processos em moda na Antigüidade e ocorriam principalmente nos templos, locais sagrados dedicados aos deuses. O mestre Pitágoras, por exemplo, antes de fundar sua escola de geometria e filosofia na antiga Grécia viveu no Egito e consta que tenha participado de inúmeras iniciações durante os 22 anos em que lá esteve estudando. Na verdade, as iniciações sempre ocorreram entre todos os povos e nas mais diferentes culturas. Os índios brasileiros, por exemplo, ainda hoje celebram rituais de iniciação para os mais variados fins: para assumir a maioridade, para receber o dom do curandeirismo, para compreender os mistérios da natureza etc. Mesmo na cultura religiosa ocidental encontramos a iniciação no ritual de ordenação dos padres e nos ritos de admissão a diferentes religiões e seitas. O costume de cortar os cabelos dos rapazes que ingressam numa universidade, bem como o hábito de vestir a beca no ritual de formatura, são resquícios de antigas iniciações que ainda mantemos socialmente vivos em nossa cultura.

A iniciação refere-se a um processo marcante de aprendizado, por meio do qual o iniciado — também chamado de neófito ou aprendiz — pode vivenciar experiências transcendentais, que fazem com que compreenda mais os segredos da natureza e de sua própria condição humana. Toda iniciação é, portanto, uma experiência fundamental no processo do autoconhecimento.

Aqui podemos mais facilmente compreender o porquê do interesse de Jung pelo tarô. O fato é que a psicologia analítica, assim como a psicanálise de uma forma geral, é também um processo de autoconhecimento, e Jung chamou de *individuação* todo o caminho para o autoconhecimento. Explicarei alguns conceitos básicos da psicologia analítica para melhor compreendermos a seqüência dos arcanos maiores do tarô.

A questão fundamental que norteou toda a investigação de Jung foi o mistério da consciência em busca do grande inconsciente. Para Jung, nossa consciência estaria para o inconsciente assim como uma pequena ilha está para o oceano. Chamou de *ego* o centro da esfera consciente, concluindo que qualquer conteúdo psíquico teria necessariamente de se relacionar com o ego para tornar-se consciente. Individuação seria o processo de busca do ego pelo ponto central da totalidade psíquica do indivíduo, que abrangeria tanto a esfera consciente quanto a inconsciente. Jung denominou o centro da personalidade total, formada pela fusão do consciente com o inconsciente, de *self* ou o *si mesmo*.

Para Jung, o inconsciente se subdivide em dois níveis: o *pessoal* e o *coletivo*.

Inconsciente pessoal é o nome que se dá às camadas mais superficiais do inconsciente, cujos limites com o consciente são bastante imprecisos e que traz em si um conteúdo psíquico que diz respeito particularmente a determinado indivíduo.

Já o inconsciente coletivo abrange as camadas mais inacessíveis do inconsciente, onde os elementos fundamentais que estruturam a psique e que são comuns a toda a humanidade estão presentes.

Assim como o corpo humano possui características singulares, próprias de cada indivíduo, apresenta também uma anatomia comum a todos os seres humanos. Analogamente, a psique possuiria um substrato individual, o inconsciente pessoal, e um substrato coletivo, o inconsciente coletivo. O *self* seria o centro ordenador que Jung propõe existir no âmago desse inconsciente coletivo, onde haveria uma inesgotável fonte de energia.

Se atentarmos para as figuras dos arcanos maiores do tarô, notaremos que sua seqüência retrata muito bem esse processo de individuação, pois fazem, sem sombra de dúvida, alusão a um processo circular e indeterminado de aprendizado. Cada um desses arcanos representa uma situação pela qual forçosamente deve passar todo indivíduo que se propõe a conhecer-se melhor. Como a individuação, não se referem a um processo linear de aprendizado mas a uma busca pelo si mesmo mediante intermináveis circunvoluções. São voltas e rodeios em torno de um novo núcleo psíquico que se pretende alcançar não no intuito de se chegar à perfeição, o que seria a mais vã das pretensões, mas no intento de se tornar completo. Isso porque a personalidade só se completa quando o consciente e o inconsciente se integram em torno do *self*.

Como veremos, as situações expressas nas cartas são comuns a todas as pessoas que partem à procura de seu centro verdadeiro, e fazem parte de uma grande jornada arquetípica. *Arquétipo* é um termo derivado do grego (*arqui* = antigo, arcaico + *typos* = padrão) que significa padrão arcaico.

Jung se utilizou dessa palavra para denominar as manifestações de padrões expressivos e fundamentais que são comuns a toda a humanidade e que se acham presentes nos mitos, religiões, folclore, lendas e contos de fada, assim como em nosso inconsciente, na forma de sonhos e fantasias. O arquétipo seria um padrão de comportamento herdado que todo ser humano tem dentro de si, e que de alguma forma serve de estrutura à sua personalidade. Um exemplo é o arquétipo do herói, que se pronuncia muito na adolescência dos indivíduos. Quando o jovem passa pelas dificuldades do processo de auto-afirmação, ele se identifica com o arquétipo e procura ser herói, isto é, tenta se valer desse padrão de comportamento que envolve determinação, ousadia e coragem para superar suas dificuldades.

Outro arquétipo é o da dicotomia entre o Bem e o Mal, presente em quase todas as culturas de todas as épocas. As imagens arquetípicas que se formam sobre os arquétipos variam bastante de uma cultura para outra, cada qual representando de maneira distinta tanto seus heróis como as entidades que personificam o Bem e o Mal, mas os arquétipos do herói e do Bem-Mal, isto é, o essencial, não mudam, são universais.

As cartas de tarô também são imagens arquetípicas fundamentadas nos arquétipos. Tais imagens muitas vezes se fundem para formar símbolos os mais interessantes, de onde podemos apreender que símbolos são uma síntese de inúmeros conceitos, até mesmo de opostos. Se parte dos símbolos está sempre acessível à nossa razão, outra parte lhe foge para fazer vibrar as cordas da intuição. Os símbolos, assim como as cartas de tarô, não trazem em si explicações, mas impulsionam o indivíduo a buscá-las dentro de si.

A FINALIDADE PRÁTICA DO TARÔ

A psicologia junguiana não é o único enfoque pelo qual o tarô permite ser tratado. Minha abordagem, entretanto, se faz por essa via uma vez que todo o material simbólico provém de um nível de experiência comum a toda a humanidade. O que Jung fez com a teorização de sua psicologia muito se aproxima daquilo que o tarô consegue expressar por meio de figuras. Esse foi um dos principais motivos pelos quais Jung se interessou pelo tarô, como também o fez uma de suas mais importantes discípulas, Marie L. von Fraz.

Mas qual é a finalidade do tarô?

De maneira semelhante ao processo de psicanálise, o tarô não serve como meio para se descobrir o futuro, mas para se compreender cada vez mais e melhor o momento presente. Quando fazemos uma leitura de tarô estamos procurando no fundo conhecer mais sobre nós mesmos. Não está nas cartas mas em nós mesmos a responsabilidade sobre cada uma de nossas atitudes, inclusive a sensação de culpa ou de perda que tais atitudes possam acarretar.

O tarô, entretanto, não deixa de ser um objeto mágico e sagrado como imaginam os místicos, pois retratados em cada uma de suas cartas estão símbolos que representam as forças instintuais da psique humana, e que por serem arquetípicos preservam as características daquilo que é divino.

Mas é necessário esclarecer que o tarô não tem poder algum sobre o ser humano no que tange à completa e exclusiva responsabilidade deste sobre seu próprio destino. O tarô não decide destinos, mas provoca o consulente para que se comprometa com a questão presente a ponto de tomar boas decisões durante os momentos críticos de sua vida. Essa é a finalidade do tarô, que funciona fundamentalmente como objeto de oráculo, e não como um meio para se fazer meras adivinhações. Por meio da história verídica que se segue, passada na Lídia, uma região da Ásia Menor, e que pertencia à Grécia Antiga, vou explicar o que vem a ser oráculo, e como este difere da adivinhação.

Creso, rei da Lídia, no século VI a.C., vivia atormentado por uma grande dúvida e pretendia resolvê-la sozinho, pois não confiava seus problemas a ninguém. Passou-lhe então pela cabeça a idéia de resolver a questão, que tanto o preocupava, diretamente com o oráculo.

Os oráculos eram instituições muito respeitadas na Antigüidade. Os templos mais importantes tinham pessoas que davam respostas às perguntas dos consulentes em nome da divindade relacionada ao templo.

Essas respostas, quase sempre ambíguas, eram dadas geralmente por virgens educadas exclusivamente para esse tipo de função. O oráculo de Apolo, particularmente, era representado pelas pitonisas, moças escolhidas preferencialmente entre as mais ignorantes e das famílias pobres. Selecionavam, sempre que possível, as que tivessem comportamento histérico, capaz de manifestar-se facilmente em gritos incoerentes e convulsões. Viviam nos templos e eram consideradas puras. Mascavam folhas do loureiro e bebiam preparados alucinógenos que as deixavam como que em estado de êxtase, durante o qual respondiam às perguntas dos visitantes.

Mas havia tantos oráculos... Qual deles seria o mais fidedigno, perguntava-se Creso, para que pudesse confiar os seus segredos?

Para resolver esse dilema, Creso enviou sete de seus escravos para sete oráculos diferentes, todos com uma mesma pergunta preliminar: "O que é que o rei da Lídia está fazendo nesse momento?". Creso queria com isso conferir a autenticidade dos oráculos e decidiu que só faria sua grande questão àquele que melhor lhe respondesse ao teste. E lá se foram seus escravos para Acaia, Dodona, Delos, Epidauro etc. levando para os oráculos dessas regiões gregas a pergunta-teste.

Voltaram com as respostas as mais estapafúrdias, exceto aquele que havia sido enviado ao oráculo de Apolo, em Delfos, o mais famoso dos oráculos, cuja resposta impressionou demais o rei. Ela dizia: "O rei está pensando!". Ora, fizesse o que fizesse o rei, como é que deixaria de estar pensando? A resposta era um tanto vaga, é verdade, mas, ao mesmo tempo, incrivelmente precisa.

Creso tomou o oráculo de Delfos como o mais sábio e foi pessoalmente ter com ele, levando agora sua questão secreta. O problema todo se relacionava com uma intenção bélica. Creso queria invadir o império persa e perguntou ao oráculo qual seria o vaticínio se ele assim procedesse. O oráculo lhe respondeu: "Ao cruzar o rio, Creso destruirá um grande império!". Muito contente com a resposta, Creso voltou à Lídia, armou às pressas seu exército, invadiu a Pérsia e... perdeu!

Deve ter sido grande a lição que Creso recebeu, e tomara o leitor também não se esqueça desse exemplo. Observe que o oráculo não disse uma inverdade, foi Creso quem entendeu a resposta segundo seus desejos e não parou para pensar que o império que destruiria poderia ser o seu. Nem o oráculo sabia qual dos exércitos venceria, apenas deu a Creso elementos fundamentais para que pensasse melhor sua questão e decidisse seu destino. Se Creso ao menos desconfiasse que o império destruído poderia ser o seu, talvez não tivesse se atirado precipitadamente à guerra. É provável que avaliasse com mais cuidado suas forças, preparasse melhor seu exército e atacasse com muito mais chances de vencer.

É justamente segundo esse comportamento oracular que funciona o tarô. Ele não se presta a adivinhações, mas certamente pode fornecer, por meio de toda a simbologia dos arcanos, os elementos necessários para que cada indivíduo repense suas questões.

Não devemos levianamente esperar encontrar respostas prontas nas cartas do tarô nem em qualquer outro sistema oracular. Os arcanos têm um conteúdo simbólico extremamente vasto, que se mostra vago, caso não haja por parte do indivíduo que consulta o tarô um critério selecionador para os muitos significados que essa simbologia pode assumir. Tal critério é a pergunta do consulente, o motivo pelo qual recorreu ao tarô. É fundamental que exista esse motivo, e as cartas devem ser "lidas", isto é, interpretadas sempre em relação à questão formulada. Mais importante ainda é que o consulente não se comporte frente às cartas do tarô como fez Creso diante do oráculo de Delfos. É necessário que analise as cartas "sorteadas" na mesa de leitura e extraia delas o significado que mais se aplique à questão formulada.

As cartas do tarô, nesse contexto, muito se prestam como veículo de acesso ao conteúdo de nosso mundo inconsciente. Mediante um mecanismo psicológico muito comum, a projeção, podemos projetar na realidade exterior — as cartas, nesse caso — tendências, características, potencialidades e deficiências exclusivamente nossas, provenientes de nosso mundo interior, que assim espelhado torna-se visível e reflete algo psicologicamente vívido, que se encontrava guardado nas profundezas de nosso psiquismo.

Projetando nosso psiquismo nas cartas podemos enxergar em seus símbolos novos aspectos de nós mesmos. Podemos perceber detalhes que sempre estiveram em nós de que ainda não havíamos tomado conhecimento.

Frente a essa revolução toda ficamos como que obrigados a uma reformulação pessoal. Mexendo nesse conteúdo que até então se encontrava inacessível podemos reorganizar nosso universo psicológico.

Há, portanto, muita semelhança entre aquilo que nos propõe a psicanálise e a seqüência de cartas do tarô, mas de maneira alguma estou abrindo mão do processo psicanalítico, que cientificamente já provou sua eficiência, bem como não estou propondo sua substituição pelo trabalho com as cartas de tarô, que nada tem de científico, mas que, sendo elas arquetípicas, presta-se muito bem para o exercício da projeção.

CARTOMANCIA E SUPERSTIÇÕES

Convido agora você, caro leitor, a se divertir um pouco. Procure ler os anúncios das seções esotéricas que lotam os classificados da maioria de nossos jornais e revistas. Encontrará uma infinidade de propagandas apresentando cartomantes, videntes e paranormais que se oferecem a todo tipo de trabalho, servindo de isca à curiosidade popular.

São anúncios que muito modestamente se propõem a solucionar todos os problemas sentimentais ou conjugais, bem como os "vícios de embriaguez" ou o desemprego. Oferecem-se ainda para desfazer "malfeitos" e "maus-olhados", para tirar o "encosto", para facilitar um casamento difícil ou desmanchar um noivado, ou vingar por meios mágicos alguma traição. Muitos não param por aí, chegando ao absurdo de dizerem possuir as fórmulas mágicas para curar doenças incuráveis por meios "espirituais". Prometem também que nos dirão tudo..., mas *tudo mesmo* sobre o nosso futuro, e ainda por cima são taxativos ao afirmar que garantirão nossa felicidade, o que geralmente será feito pelo jogo de búzios ou pelas cartas do tarô egípcio, citado em alguns anúncios como o único verdadeiro.

Você muito provavelmente já deve ter recebido nas ruas por onde circula, das mãos de algum garoto, panfletos com propagandas semelhantes às desses classificados, que têm o cuidado de se proporem a resolver problemas de todos os tipos e que afligem todo tipo de pessoas.

O fato mais triste, no entanto, é que tal serviço encontra grande número de pessoas que por ele se interessa e que nele acredita. Certamente, tais propagandas devem proporcionar um bom retorno, visto que alguns classificados, como já tive o cuidado de observar, são assíduos patrocinadores de certas colunas.

Também funcionam segundo essa linha supersticiosa as chamadas "feiras místicas" que já ocupam pontos de movimento em algumas cidades, cobrando taxas dos consulentes que de boa-fé desejam consultar-se com algum "guia espiritual", ou receber uma mensagem psicografada, ou quem sabe conseguir uma adivinhação pelos búzios ou cartas de tarô, ou vidência pela bola de cristal, ou ainda ter a chance de fazer um estudo "rapidinho" de seu mapa astral ou de seu perfil numerológico.

Um olhar, não diria preconceituoso, mas um pouquinho crítico, nos faria indagar a respeito de todos esses "profissionais".

É fundamental que duas coisas fiquem claras: primeiro, que este livro não tem absolutamente a pretensão de ser a única abordagem correta do tarô. Como já disse, o tarô permite inúmeras abordagens, podendo ser interpretado tanto à luz da mitologia e da psicologia como ser encarado segundo esse enfoque supersticioso, do qual estou tratando neste capítulo e que caracteriza a cartomancia vulgar. Contra essa abordagem, contudo, temos muito pouco ou quase nada a fazer. Não poderíamos acabar com ela, nem é essa minha intenção. A superstição é um traço cultural fortemente arraigado no psiquismo humano, que pode existir tanto nas pessoas mais ignorantes como naquelas socioculturalmente bem servidas.

O segundo ponto importante a esclarecer é o valor da adivinhação. Esta pode realmente ocorrer, embora não tenhamos controle sobre a mesma. Vamos explicar melhor. É comum, por exemplo, que em datas próximas a grandes catástrofes, como terremotos, avalanches, acidentes formidáveis envolvendo aviões, trens, navios etc., muitas pessoas tenham antecipadamente, por meio de sonhos ou intuição, acesso a informações sobre tais tragédias. Muitas chegam a comunicar os órgãos públicos competentes a respeito das calamidades que estão prevendo, e o número de telefonemas e comunicações que chegam a esses órgãos aumenta com a proximidade da data da ocorrência da tragédia.

Citemos aqui o caso do navio *Titanic*, naufragado na noite de 14 para 15 de abril de 1912. O senhor O'Connor, tendo sonhado repetidamente com o naufrágio desde o dia 23 do mês anterior ao ocorrido, cancelou sua viagem e de toda a família, justificando que sonhara com o navio "com a quilha para o ar, a bagagem no mar e os passageiros ao redor em desespero". O navio era considerado pelos técnicos e engenheiros navais que o haviam construído como impossível de sofrer um naufrágio, que no entanto ocorreu, como previra o senhor O'Connor.

Semelhantes a esse caso inúmeros outros existem que envolvem o fenômeno da precognição, isto é, o conhecimento direto do futuro.

Mas o fato é que, se a adivinhação ocorre, trata-se sempre de um fenômeno espontâneo, ou seja, nunca sabemos se e quando vamos adivinhar alguma coisa por meio extra-sensorial.

Até mesmo uma análise cuidadosa das profecias do mais famoso adivinho de todos os tempos, Michel de Nostradamus, que viveu no século XVI, revela que ele até hoje acertou muito pouco ou quase nada. Nostradamus escreveu suas previsões em quadras, quatro versos rimados dois a dois. Cada conjunto de cem quadras forma uma centúria. O profeta nos deixou dez centúrias, algumas incompletas, o que perfaz um total de quase mil quadras. Mas somente as pouquíssimas quadras em que ele cita nominalmente o cientista Pasteur e o ditador Hitler, apontando os feitos desses homens, e aquela em que prevê a morte em duelo de Henrique II, rei de França na época em que vivia o profeta, são realmente precisas. Esses raros acertos, três ou quatro num universo de quase mil, já são feitos extraordinários o suficiente para respeitarmos o profeta. Contudo, todas as demais quadras, que representam quase cem por cento de sua obra, são extremamente vagas, além de existirem aquelas cujas previsões se revelaram o oposto do ocorrido. Todas as demais falam com pouca clareza de calamidades, guerras, tragédias e episódios do gênero que sempre aconteceram e que continuam acontecendo na história da humanidade.

É com certa facilidade que conseguimos ir encaixando todo tipo de acontecimento, à medida que vão ocorrendo, nas quadras do profeta. Os tradutores e estudiosos do assunto inclusive se contradizem, alguns achando que certa quadra se refere à Revolução Francesa, outros dizendo que a mesma quadra se refere à Revolução Russa e assim por diante. Não bastasse isso, ainda temos de levar em conta que Nostradamus escreveu suas quadras em linguagem ambígua, quando não imprecisa e bastante simbólica, e em francês arcaico, o que dificulta ainda mais sua tradução.

Ou seja, se o índice de acertos daquele que é considerado o maior profeta de todos os tempos é praticamente zero, o que dizer daqueles que se dizem videntes nos dias de hoje e que invadem jornais e televisão afirmando que são capazes de adivinhar o futuro? Se a adivinhação, embora possa ocorrer amiúde e com qualquer um de nós, se trata de um fenômeno espontâneo sobre o qual não temos controle, como pode ser levada a sério a postura de videntes, sensitivos e cartomantes que afirmam serem capazes de acertar sobre eventos futuros? Quem pode ter essa certeza?

Talvez seja um bom critério para avaliarmos a qualidade de um cartomante saber se, dentre as suas pretensões, está aquela de fazer adivinhações, de nos dizer tudo..., mas *tudo mesmo*, sobre o nosso futuro.

OS ARCANOS MAIORES

Apresentarei agora os arcanos do tarô. Poderia escrever um livro inteiro a respeito de cada uma das cartas, mas meu objetivo é apenas introduzir os temas arquetípicos que existem por trás de cada arcano.

Na bibliografia comentada daremos algumas dicas para os que desejarem aprofundar seus conhecimentos sobre o assunto. Não é necessário ter um tarô de Marselha em mãos, mas peço a você que se reporte às respectivas figuras deste livro à medida que for lendo sobre as cartas para melhor compreendê-las.

O LOUCO (Arcano sem número)

Comecemos por esse curiosíssimo arcano, que contrariamente a todos os demais não possui número. Essa particularidade faz com que não ocupe uma po-

O LOUCO

sição definida na seqüência, deixando-o livre para estar em qualquer lugar.

Não obstante essa sua liberdade, preferencialmente situa-se antes da primeira carta, o Mago, e ao mesmo tempo logo após a última, o Mundo, conferindo ao conjunto um caráter cíclico de rotatividade perene. Lembre-se de que as cartas, como já expliquei, estão arrumadas segundo uma ordem que faz alusão à individuação, um processo não linear de experiências constantes e intermináveis que levam o ser humano ao centro de si mesmo.

Aqui talvez o leitor se pergunte se o fato de ficar dando voltas sem fim ao redor dessas cartas não faz dessa jornada algo um tanto repetitivo e monótono. É claro que não. Passar diversas vezes pelas situações arquetípicas que esses arcanos representam é como reler muitas vezes aquele livro que tanto nos interessou.

Misteriosamente, a cada nova leitura do mesmíssimo texto vivenciamos experiências muito diferentes e descobrimos detalhes que haviam passado despercebidos, ficando impressionados com as novas descobertas. O livro que já fora lido parece ser uma novidade! O que produz esse interessante efeito são as mudanças que se dão dentro de nós entre uma leitura e outra.

O Louco do tarô situa-se nesses intervalos, é ele quem faz a ligação entre os dois extremos da jornada, colocando-se ao mesmo tempo no fim e no começo. Isso lhe confere um caráter tão ambíguo que ficamos sem saber se este Louco não seria na verdade um sábio. Sábio porque conhece bem o ciclo já percorrido, e Louco em relação ao desconhecido que continua tendo pela frente.

A carta nos mostra a figura de um bobo, personagem típico das cortes da Idade Média, que carrega às costas uma trouxa representando o peso de sua ignorância. Caminha distraidamente e por isso não assimila as lições a serem aprendidas, representadas pelos arbustos sobre os quais vai passando sem que deles se dê conta. Inconsciente de si mesmo, o louco fica sujeito às mais variadas agressões, representadas pela figura do animal que lhe rasga as vestes e arranha a coxa.

Se quisermos agora entender o arcano como o Sábio, poderíamos dizer que o personagem caminha olhando para cima porque procura por seu próximo aprendizado em instâncias superiores, uma vez que as lições que se encontram aos seus pés, representadas pelos arbustos, já foram assimiladas. A trouxa significa agora todo o acúmulo de experiências que o Sábio traz em suas costas e o animal faz alusão ao apelo egoístico das pessoas que, querendo chegar ao grau de compreensão do Sábio, tentam por todos os meios forçá-lo a passar para elas uma experiência que é absolutamente pessoal e intransferível.

Convém lembrar que o bobo da corte não era tão bobo assim. Talvez fosse a única pessoa capaz de falar verdades sobre o rei sem correr o risco de perder a cabeça, visto que era tido como bobo.

Essa ambigüidade de significados é tão forte que talvez tenha sido responsável por mantermos esse único arcano maior em todos os jogos de cartas nas figuras dos dois curingas, o que aliás preserva seu caráter duplo.

Também é importante observar que o Louco caminha para a direita, o que no tarô se refere a um ato de extroversão. O Louco representa a pulsão inconsciente que nos impele para fora e para diante, para o (re)início de nossa caminhada.

ARCANO I — O MAGO

Se o Louco é um impulso do inconsciente, o Mago representa a consciência e o direcionamento de toda sua energia para a criação de algo construtivo. A palavra energia cabe muito bem aqui, formada que é a partir de duas outras: *en* = para dentro + *ergos* = trabalho, o que subentende que o trabalho que esse Mago desenvolve está relacionado com seu mundo interior.

O Mago é o herói dessa jornada. Irá percorrê-la passo a passo, transformando-se a cada nova situação apresentada pelos arcanos. Ele é visto de pé, pois o número um desse arcano alude ao eixo vertical infinito que estaria ligando o mundo divino ao humano. Note que seu braço esquerdo — lado relacionado à esfera inconsciente — aponta para cima, para o mundo divino e arquetípico. Já o direito — relacionado à vida

consciente — está voltado para baixo, para o mundo onde se expressa o ser humano. O Mago assim colocado personifica a figura do homem que, segundo os preceitos da magia, é colocado como centro e medida de todas as coisas. Ele é o elo de ligação entre aquilo que existe acima e abaixo de si.

Nosso herói tem à sua frente uma mesa de trabalho repleta de instrumentos mágicos. Além da bolsa que guarda seus segredos e dos dados que indicam os reveses que possivelmente enfrentará em seu caminho, os objetos que mais nos interessam nessa carta são as moedas, a adaga e os copos sobre a mesa, e a baqueta que ele ergue em sua mão esquerda, objetos estes relacionados respectivamente aos naipes de ouros, espadas, copas e paus.

Ao lidar com esses quatro instrumentos, o Mago percebe que cada um deles faz alusão a um caminho diferente e que sua senda deixa de ser uma trilha única, passando a exigir dele que siga simbolicamente pelos quatro caminhos ao mesmo tempo.

Isso confere à jornada de nosso herói um sentido de totalidade, visto que o número quatro, assim como o doze, sempre nos dão a idéia de algo completo. Haja vista que são quatro os pontos cardeais, os elementos da natureza (água, fogo, terra e ar), os naipes do baralho, as operações básicas de matemática, as estações do ano, e são doze os meses do ano, os signos do zodíaco, as horas do dia e da noite, as notas musicais (tons e semitons) etc.

Os números quatro e doze são os que melhor representam a mandala, palavra esta que vem do sânscrito e que significa círculo mágico.

Mandalas são todas as formas circulares ou mesmo quadrangulares que insinuem a presença de um centro, simbolizando a totalidade. Encontramos infinitas mandalas na natureza: nossa galáxia espiralada tem uma forma mandálica, o globo terrestre nos lembra outra mandala, bem como os ninhos que os pássaros constroem. Por sua vez, o homem também costuma colocar mandalas nos vitrais das igrejas e nos pátios de colégios e mosteiros, só para citarmos alguns exemplos.

Jung percebeu que a mandala, dado seu caráter de plenitude, seria a forma que melhor simbolizaria a psique humana; e também a seqüência dos arcanos maiores do tarô representa um círculo mágico, ou seja, uma grande mandala.

O trabalho do Mago consiste justamente em procurar o centro dessa grande mandala, que não deixa de ser o seu próprio centro. Há uma mandala oculta em cada uma das cartas: no arcano I, por exemplo, ela se revela tanto nos quatro instrumentos mágicos já citados como pela mesa de trabalho com quatro cantos e três pés, cuja multiplicação nos leva ao número doze, expressão da totalidade.

É como se o Mago já tivesse diante de si a mandala como principal motivo de sua jornada, o que mais uma vez nos leva a entender que o Mago pode viajar sem sair do lugar para buscar o centro de sua mandala interior.

ARCANO II — A PAPISA

A Papisa é personagem tão misteriosa quanto o Mago, porém se no Mago tudo indica movimento e ação, na Papisa tudo sugere passividade e sabedoria. Ela está sentada, enraizada, imóvel e traz às mãos um livro aberto que denota conhecimento dos grandes mistérios.

Enquanto o Mago é extrovertido e atuante, a Papisa é introvertida e atua na esfera do sentimento. Ele representa a unidade, o masculino; ela a dualidade, o feminino. Ele está ávido por desvendar os segredos de sua existência, ela detém esses mistérios e desafia o homem a procurá-los. Ela contrasta em tudo com o Mago, ao mesmo tempo que lhe serve de complemento.

Segundo a psicologia junguiana, no psiquismo de todo homem existe uma parte essencialmente feminina, chamada *anima*, que lhe complementa a natureza. O *animus* seria a correspondente parte masculina existente no psiquismo de cada mulher. A Papisa representa a *anima* e o trabalho de todo Mago consistiria na obrigatoriedade de conhecer esse seu lado oculto. Retomaremos esse assunto no Arcano XVIII, a Lua.

A Papisa encarna também o arquétipo da grande mãe, ou mãe-terra, existente em todas as culturas. É da terra que saímos e é para ela que regressamos. O seio da grande mãe é a terra fecunda, fonte de vida e de proteção para os seres vivos.

Na maioria dos mitos da criação, o arquétipo da mãe-terra como fonte de fertilidade precede o arquétipo masculino. Este, aliás, era tido muitas vezes como mero intruso nessa fertilidade preconcebida. Lembremo-nos do mito cristão de Maria, que dá à luz Jesus sem que seja preciso a participação de um homem para que ocorra a gravidez.

A Papisa traja um grande manto azul, cor que no tarô se relaciona à natureza intuitiva da psique e, às vezes, ao inconsciente. Esse manto recobre vestes vermelhas, cor que se relaciona ao aspecto racional de nossa mente e, às vezes, ao consciente, mostrando-nos que o psiquismo feminino é predominantemente intuitivo, ainda que nele o aspecto racional esteja bem desenvolvido.

ARCANO III — A IMPERATRIZ

Esse arcano também incorpora o espírito da feminilidade. Como a maioria das personagens femininas do tarô, esta também aparece vestida com um manto azul sobre roupas vermelhas, o que lhe ressalta seu caráter intuitivo.

A Imperatriz representa o processo criativo e a satisfação que advém das realizações pessoais.

O número três que vemos nesse arcano era considerado pelo grego Pitágoras, um dos maiores geômetras da Antigüidade, como o primeiro número a se relacionar com os seres viventes e com as coisas manifestas, isso porque o triângulo, a mais simples das formas geométricas, tem três lados. Abaixo do número três nada poderia existir além de conceitos abstratos, como é o caso da unidade expressa pelo um e do princípio da dualidade expresso pelo dois. O três passaria a ser o número da realidade.

A Imperatriz retoma vários temas da carta precedente e confere a eles movimento e graça. Enquanto víamos na Papisa a sabedoria e a passividade, nesta carta a figura feminina encontra liberdade de movimento para criar. É o que sugere tanto a águia de asas abertas em seu escudo como o cetro, símbolo da criação. Observe que a Imperatriz o empunha em sua mão esquerda, o que indica que em seu Império ela opera milagres inconscientemente e sua natureza feminina domina o mistério da gestação, que nenhum homem jamais compreenderá.

Se a Papisa protege os mistérios ocultos, a Imperatriz faz questão de revelar tudo o que pode ao mundo.

Em seu ventre é que será gerado e transformado o Espírito, e é pelo mistério do nascimento que este será trazido à realidade.

ARCANO IV — O IMPERADOR

Aqui se inicia o mundo patriarcal: o arcano IV representa o ingresso do homem consciente no mundo racional.

O Imperador, ao contrário das cartas femininas que o precedem, veste uma capa vermelha sobre roupas de cor azul, o que denota que ele vem para ordenar nossos pensamentos segundo critérios predominantemente racionais. No psiquismo masculino o caráter lógico domina o intuitivo.

O Imperador simboliza o arquétipo do pai, incorporando o poder de decisão, autoridade e determinação. Ele representa o princípio ativo masculino ligado à realidade e por isso sustenta seu cetro na mão direita, o que indica que em seu Império ele atua de maneira muito prática e consciente, e verticalmente, como se quisesse realçar seu poder fálico.

O falo, representação do membro viril, sempre é um símbolo de proeminência e confere ao homem o poder fertilizador. Entre os antigos o culto do falo rememorava a capacidade masculina de fecundar a mulher.

A estrutura quaternária desse arcano representa não só a totalidade como propicia a estabilidade e a ordem. O quatro é o número da base, do alicerce e das coisas sólidas e completas. Vemos o quatro disfarçado três vezes nessa carta: desenhado nas pernas cruzadas do Imperador, na posição do braço que segura o cetro em relação ao corpo do personagem, e no próprio trono em que o Imperador senta, que nos lembra um quatro de cabeça para baixo. Três vezes quatro formam doze, o outro número da totalidade.

Segundo a psicologia junguiana, todo ser humano nasce com quatro potenciais inatos que Jung chamou de funções, uma vez que é segundo elas que o psiquismo funciona. Deu a essas funções os nomes de intuição, sensação, pensamento e sentimento.

As duas primeiras foram chamadas de funções irracionais, pois por meio delas o indivíduo reage à vida espontaneamente. As duas últimas foram ditas funções racionais, pelas quais o ser humano só pode reagir deliberadamente, isto é, somente após organizar e avaliar as experiências de vida percebidas através delas.

Logo no início da vida uma dessas funções se sobressai e passa a ser chamada de função especial. Aquela que fica menos acessível ao indivíduo e que pouco se desenvolve é chamada de função inferior. As outras duas são as funções auxiliares, que prestam ajuda à função especial sempre que o ser humano vivencia suas experiências.

Um indivíduo que tenha como função especial a intuição será chamado de tipo intuitivo, e reagirá à vida o mais abstratamente possível, não sendo tão realista para ser predominantemente sonhador. O tipo sensação, ao contrário do intuitivo, tem sua percepção voltada o mais possível para a realidade e experimenta o mundo fundamentalmente pelos órgãos dos sentidos.

O tipo pensante é aquele predominantemente sistemático, lógico e que pensa poder organizar e planejar toda a sua vida. O tipo sensível também é racional, mas se preocupa mais com o conteúdo da vida e menos com sua forma, além de procurar não agir com a emoção descontrolada.

Estamos falando disso não só porque a tipologia de Jung se refere ao número quatro, mas, principalmente, porque podemos perceber que o Imperador é sobretudo pensante; a Imperatriz é sensível; a Papisa, intuitiva; e o Papa do tipo sensação, como veremos a seguir.

ARCANO V — O PAPA

Aqui, além da figura arquetípica do Papa, há outras duas de caráter humano que a reverenciam. Por trás do Papa, dois pilares representam o mundo divino com o qual dialogam os dois homens ajoelhados no plano humano da existência.

É como se o Papa, que representa o arquétipo do mestre, servisse de ligação entre o mundo divino e o humano e pudesse ensinar aos homens os segredos de Deus. Aliás, o papa da Igreja católica tem a mesma função simbólica de servir como ponte entre os fiéis e a divindade.

Também aqui uma capa vermelha se coloca sobre as vestes azuis, lembrando o caráter racional do psiquismo masculino.

Nas antigas iniciações os neófitos sempre procuravam por um mestre ou sacerdote que lhes guiasse o caminho. Esse arcano representa justamente o momento em que os neófitos se deparam com o mestre e esperam receber dele todo o conhecimento possível. No entanto, o Papa, assim como os antigos mestres, surge aqui apenas para lembrar que a experiência é sempre pessoal e a senda, individual. Não há mestre verdadeiro senão aquele que existe no interior de cada neófito. Este é que precisa ser encontrado.

Daí o número dessa carta ser o cinco, que representa a incerteza e a insegurança, ao mesmo tempo que rege a perspicácia e o aprendizado rápido, pois o neófito deve escolher logo se quer ou não continuar a jornada por si, tema da próxima carta.

O Papa do tarô convida seus discípulos a experimentarem a vida pela sensação e acordarem de suas fantasias para descobrir o que existe de real no caminho iniciático.

ARCANO VI — O ENAMORADO

O Enamorado representa também uma situação pela qual deve passar todo aquele que se inicia nessa jornada arquetípica.

Aqui, o personagem central vive a experiência da dúvida, da escolha, do conflito. Vemos um rapaz assediado por duas mulheres que o disputam, cada qual

tentando convencê-lo a optar pelo caminho que estão representando.

A mulher que está à direita do rapaz tem vestes predominantemente vermelhas, toca-lhe o ombro como se tentasse acordá-lo para a realidade e representa um caminho fundamentalmente racional de aprendizado. A outra mulher, cujas roupas são principalmente azuis, toca-lhe o coração como se quisesse despertá-lo para o caminho onde o modo intuitivo de perceber a vida predomina.

Mas note que ambos os caminhos contêm as duas características. As roupas do rapaz, listradas de azul e vermelho, evidenciam sua dúvida. Ele se acha enamorado pelas duas mulheres ao mesmo tempo e não sabe por qual delas optar. O Enamorado vive um sério conflito, mas certamente cresce quando se preocupa em resolvê-lo, e como não pode, mesmo que deseje, prescindir da escolha, o melhor é que a faça logo, pouco importando se opte por experimentar a vida predominantemente por meio da razão ou da intuição. O que não pode é deixar de escolher, pois então sua senda se interromperia indefinidamente. Seja qual for sua opção, ele não deixa nunca de estar consigo mesmo.

Aliás, o tema livre-arbítrio x destino aparece aqui de maneira muito forte. As escolhas do rapaz parecem predeterminadas. Sua cabeça acha-se voltada para a via da razão, mas a figura do cupido no plano superior da carta aponta uma seta para a via intuitiva, como se indicasse algo maior do que o arbítrio a influenciar suas decisões.

A grande questão é esta mesma: se existe a possibilidade de que nosso livre-arbítrio seja limitado, e não passa de uma ilusão, então devemos aproveitar ao máximo nossa capacidade de escolha e fazê-la com toda a consciência e compromisso possíveis. Ao optar, nosso herói dá seqüência à sua história e vai bater às portas do arcano seguinte.

ARCANO VII — O CARRO

Nosso herói se acha aqui literalmente viajando. Seu carro é um meio de acelerar a caminhada, como se quisesse compensar o tempo "perdido" na encruzilhada que o deteve anteriormente. Esse arcano simboliza a extroversão.

Dentro do veículo, o personagem empunha o cetro na mão direita, o que ressalta a sua força de vontade e determinação em prosseguir a jornada. Mas nosso herói não deve esquecer de que está apenas começando o processo de autoconhecimento e que não passa de um jovem aprendiz. Caso isto ocorra ele pode perder o aparente controle do carro, correndo o risco de cair no abismo da vaidade e presunção.

Em momentos como esse da individuação vale a pena servir-se de um meio de transporte para a psique, mas convém notar que o carro por si só cumpre o

destino, seguindo adiante sem que o personagem tenha controle sobre ele. Note o leitor que ele nem ao menos tem as rédeas!

Os cavalos, um vermelho, à direita (o consciente), e outro azul, à esquerda (o inconsciente), tendem a seguir por direções opostas, mas, atrelados como estão, são obrigados a seguir lado a lado e a trabalhar em conjunto para que o herói consiga atingir o ponto que os une.

ARCANO VIII — A JUSTIÇA

A Justiça no tarô não é cega como a que representa as leis dos homens. Aqui ela é divina e traz ainda uma terceira visão desenhada na tiara em sua fronte.

Sua espada, erguida pela mão direita, mostra que ela procura manter uma ligação entre os planos divino e humano. A espada simboliza sua austeridade e domínio aprumado sobre a verdade.

Na mão esquerda sustenta uma balança em equilíbrio, símbolo da relatividade da condição humana.

Novamente temos uma mandala disfarçada nessa carta, que se formaria com o cruzamento da espada (eixo vertical) com a balança em equilíbrio (eixo horizontal). Observe que o número oito está a meio caminho entre o quatro e o doze, que expressam coisas inteiras.

Os pratos da balança mostram que mesmo a verdade é algo relativo e que o erro dos homens está justamente em decidirem muito rapidamente a respeito da incompatibilidade das verdades. As verdades são complementares mesmo quando contrárias. Curiosamente, a Justiça se coloca também a meio caminho, como mediadora, entre o Carro, a extroversão, e o Eremita, a introversão, tema da carta seguinte.

ARCANO IX — O EREMITA

Assim como o Louco, o Eremita também é um caminhante solitário. No entanto, agora nosso herói caminha para a esquerda, o que no tarô se refere a um ato de introversão. Esta é a única carta que mostra um personagem masculino com um manto azul sobre vestes vermelhas, aqui necessário em virtude de o processo de introspecção ser eminentemente intuitivo.

O personagem segue com um bastão que lhe mede os passos e com uma lanterna que ilumina um pouco do caminho à sua frente, detalhes estes que nos mostram que a individuação é um processo cotidiano, lento e difícil. Embora a natureza do Carro às vezes nos permita alguns poucos progressos mais rápidos, o amadurecimento e a experiência de vida só vêm mesmo com o tempo, com os anos todos de uma vida dedicados ao exercício diário da autocompreensão.

A individuação requer um processo solitário de aprendizado. Certo é que dependemos de todos os

outros indivíduos, e é por intermédio deles que aprendemos em nós, mas a experiência alheia não nos serve, é preciso que experimentemos a nossa. O Eremita é um convite à introspecção.

ARCANO X — A RODA DA FORTUNA

Nossa natureza é movimento. Esse arcano é a roda da vida, que gira eternamente e nos proporciona viver as mais inesperadas experiências.

A carta mostra uma roda junto à qual giram três criaturas. Duas delas estão atreladas à roda e, por isso, enquanto uma inevitavelmente sobe, a outra forçosamente desce. A terceira criatura, no topo da figura, por estar sobre uma plataforma acredita estar reinando numa posição estável e duradoura. Ridiculamente usa uma coroa e tenta defender com uma espada essa situação tão passageira de domínio.

O fato é que essa roda se faz presente na vida de todos nós e representa muito bem as nossas vicissitudes.

Segundo Jung, além da tipologia que classifica os indivíduos de acordo com as quatro funções de que já falamos, cada pessoa ainda pode ser extrovertida ou introvertida.

Valendo-nos da comparação que esse arcano possibilita, podemos dizer que os extrovertidos são aqueles situados mais para a superfície da roda. Tais indivíduos giram muito pela vida, adoram novas experiências e

aventuras, têm muitos amigos e uma vida social agitada. Já os introvertidos vivem melhor situados em regiões mais internas da roda, mais próximas de seu centro. Estes têm uma vida eminentemente recatada e voltada para o espaço interno.

No entanto, a evolução de ambos é circular e não há vantagens de um tipo sobre o outro, apenas suas naturezas é que são diferentes.

ARCANO XI — A FORÇA

Vemos aqui uma personagem feminina segurando um leão pelas mandíbulas com suas próprias mãos. A fera está tão próxima do corpo da mulher que parece mesclar-se a ele.

É como se as duas figuras fossem aspectos diferentes de um mesmo psiquismo. A fera que ruge e nos assusta seria uma representação de nossa parte animal e instintual que, quando desprezada, pode se voltar agressivamente contra nós mesmos e nos devorar completamente. Mediante um trabalho diário de auto-análise podemos reconhecê-la e dominá-la, além de respeitá-la.

A Força se refere menos à força física e mais à sutileza desse processo constante de lapidação e reconhecimento dos aspectos mais brutos de nosso psiquismo.

ARCANO XII — O ENFORCADO

Nesse arcano nosso herói se acha dependurado de cabeça para baixo entre dois troncos, como se estivesse desorientado em meio a tantos problemas que imagina enfrentar.

Entretanto, talvez suas mãos não estejam amarradas atrás das costas, visto que seu pé não se acha preso pela corda. Isto sugere que sua condição de enforcado é ilusória, como se o personagem se sentisse amarrado a fortes problemas que na verdade não seriam capazes de atormentá-lo se pudesse mudar sua maneira de lidar com eles.

O Enforcado está cercado de terra e troncos, como se estivesse num caixão, porque nessa passagem ele deve morrer simbolicamente após ter concluído um ciclo importante de sua jornada. O número doze desse arcano faz alusão a uma mandala concluída, e os doze galhos podados reforçam a idéia de que tal ciclo nada de novo tem a oferecer.

Sua cabeça, fervendo com a situação crítica, está enfiada na terra úmida, como que buscando um resfriamento. E é do seio da mãe-terra que novas sementes surgem com novos ciclos de vida.

A experiência desse arcano é de fato sagrada. O herói deve sacrificar-se, isto é, viver seu conflito pessoal até as últimas conseqüências para poder se libertar definitivamente de sua imensa dor. Quando essa

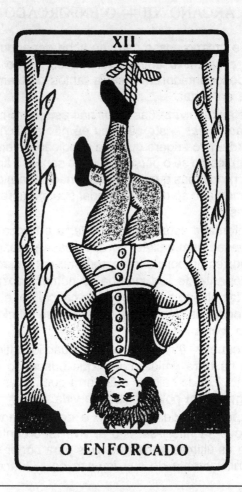

libertação ocorre, leva nosso herói ao arcano seguinte: a Morte!

ARCANO XIII

Esse arcano não tem nome. Chamá-lo Morte como o fiz há pouco seria o mesmo que chamá-lo Vida. A carta mostra um esqueleto com uma foice nas mãos cortando tudo o que encontra em seu caminho exceto os arbustos, que aqui aparecem em grande quantidade e representam o brotar das muitas sementes que a terra guarda em si. Essa figura nos mostra um processo de transformação, o esqueleto podando o que era velho para dar lugar ao novo.

Mas, naturalmente, não podemos deixar de ver nessa figura a Morte implacável, a única real certeza de todo ser humano e fonte de sua fundamental angústia.

Ao contrário de todos os seres vivos, o ser humano é o único a saber que vai morrer e cria as mais diferentes religiões e filosofias para compensar essa amarga certeza, a inexorabilidade do seu fim.

Mas se por um lado o indivíduo realmente termina sua existência com o processo da Morte, sabemos que a vida em si é infindável e se traduz em muitas e novas gerações de seres que se sucedem indefinidamente.

O número treze desse arcano transcende o doze da mandala. Rompe com um ciclo velho e supera seus limites, levando-nos para um outro plano de existência.

Perceba o leitor que a soma dos algarismos que compõem o treze (um mais três) nos leva outra vez ao quatro, isto é, para uma nova mandala situada além da primeira.

Esse arcano representa, enfim, aquilo que sempre será o grande e metafísico mistério. Epicuro, filósofo grego que faleceu em 270 a.C., fundamentou um célebre paradoxo a respeito desse mistério: "Morremos, mas jamais nos encontramos com a Morte, visto que quando estivermos presentes ela estará ausente; e, quando ela estiver presente, seremos nós que estaremos ausentes".

ARCANO XIV — A TEMPERANÇA

Esse arcano representa um sistema psíquico mandálico, bem estruturado pela temperança, que deve se fazer presente durante todo o processo de individuação. Num sistema assim compensado a energia psíquica circula com dinamismo e eqüidade.

Vemos aqui uma personagem vertendo os fluidos de um jarro azul — o inconsciente — em sua mão esquerda, para um jarro vermelho — o consciente — que ela segura em sua mão direita, um pouco abaixo. Observamos nessa manobra que o líquido contido no jarro superior passa para o inferior sem que dele se perca uma só gota, ou seja, flui com muita temperança.

Outro detalhe que revela a natureza parcimoniosa desse arcano é o das vestes, que não apresentam

predominância de azul ou de vermelho. Há, portanto, um equilíbrio entre os lados intuitivo e racional nesse sistema.

Há ainda dois arbustos na carta, um à esquerda e outro à direita da personagem, indicando que as oportunidades de experimentar a vida ficam bem distribuídas quando a energia psíquica circula livremente, mas com economia.

O arcano tem seus pés tocando a terra, o que lhe dá um forte senso de realidade, não menos marcante que a liberdade de espírito representada pelas asas da espiritualidade.

Só a experiência do eterno circular de energia pelo psiquismo é que pode trazer ao ser humano a compreensão dos opostos que nele se encerram.

ARCANO XV — O DIABO

O Diabo sempre foi mal compreendido. Esotericamente ele representa um potencial existente na própria divindade. Por uma questão de lógica, se Deus é onipresente, o Diabo tem de ser parte de sua criação.

Lúcifer, um dos nomes pelos quais o demônio é conhecido, quer dizer "o portador da luz". No tarô, o Diabo segura uma tocha em sua mão esquerda, símbolo do fogo divino da consciência que ele entrega aos homens.

Mitologicamente falando, recebemos do demônio a consciência que temos de nosso ego, bem como o principal de seus atributos, que nos distingue dos outros animais, a inteligência.

É por meio da consciência que temos a sensação de estarmos separados do Todo, e em virtude dela somos obrigados a pensar sobre nossa morte e a viver em função da angústia que advém dessa única certeza.

Claro que não devemos desconsiderar a consciência e seus atributos, pois o caminho de individuação não serve para negá-los mas para transcendê-los. Pela individuação podemos vencer os limites impostos pela consciência e alcançar o ponto de encontro entre ela e nosso mundo inconsciente, sentindo-nos então novamente inseridos no Todo e, por meio da experiência da totalidade, percebendo a divindade em nós.

A carta mostra duas criaturas presas ao altar de Lúcifer, fazendo-nos lembrar de que quanto mais estivermos entregues ao mundo da consciência, menos livres estaremos para comungar com a divindade.

O demônio só pode mesmo "possuir" aqueles que temem prosseguir a busca pelo "si mesmo".

ARCANO XVI — A TORRE

Esse arcano representa um processo de destruição e transformação radicais. A Torre corresponde a uma edificação fortemente cerceadora erguida para envolver

o verdadeiro centro psíquico do indivíduo, num caminho ardiloso, destinado ao auto-esquecimento, processo este contrário à individuação. Seu arquiteto é o ego que insiste em manter-se descomprometido com o autoconhecimento.

A labareda que atinge como um raio o topo da Torre simboliza o grito do verdadeiro Eu, que ainda não perdeu as esperanças de ser reconhecido e tenta impedir a todo custo a coroação do processo de auto-esquecimento. Note que o topo da Torre lembra uma coroa.

Como resultado dessa explosão, o ser humano é lançado das alturas de sua presunção ao plano de onde se havia erguido vaidosamente. Ele é atirado de volta à terra, de encontro às lições e experiências de vida que estava deixando de aprender — representadas pelos arbustos — e que deve humildemente assimilar.

Às vezes só mesmo uma ruptura radical causada pela intervenção de nosso inconsciente, como a representada nesse arcano, é capaz de acordar os indivíduos adormecidos que estavam presos ao altar do demônio no arcano anterior.

ARCANO XVII — A ESTRELA

Um conceito junguiano a respeito do qual ainda não falei é o de *persona*. O termo representa a máscara usada pelos atores do teatro grego antigo, de onde se deriva a palavra personagem.

Durante todo o processo de individuação, à medida que a pessoa se conhece mais e mais, ela vai tendo idéia das muitas *personas* de que se utiliza ao desempenhar os papéis frente às diferentes situações de vida. Uma das etapas da individuação consiste, portanto, em tomar conhecimento dessas diferentes máscaras e descobrir aos poucos como é que vivemos, atuamos, agimos, sentimos etc.

Esse arcano retrata o importante momento em que a última dessas máscaras é percebida e nos deparamos com nossa face natural, sem máscara alguma, que nos era até então desconhecida. Jung chamou essa face oculta de *sombra*, termo que explicarei melhor no próximo arcano.

Na Estrela vemos uma mulher nua que se enxerga tal qual realmente é, visto que acaba de retirar sua última máscara e se depara com sua fisionomia natural refletida nas águas do rio. A partir disso ela procura estabelecer uma ligação de si própria com o plano inconsciente. Por isso verte o conteúdo de seus jarros d'água no rio que tem à sua frente, símbolo do inconsciente coletivo.

Essa passagem traz como lição a esperança de podermos conhecer a nossa sombra, mas nem imaginamos os perigos que nos aguardam no arcano seguinte.

ARCANO XVIII — A LUA

A sombra na psicologia analítica corresponde a todos os aspectos ocultos de nosso psiquismo que de forma

geral desconhecemos ou procuramos colocar de lado, posto que seu conteúdo não nos é agradável.

Na sombra estão guardados nossos aspectos mais imaturos, fraquezas, conteúdos reprimidos e potenciais incompatíveis com nossa vida consciente. No entanto, ali estão também aspectos positivos que se acham subjugados e nunca foram desenvolvidos pelo indivíduo.

Só mesmo pela penetração nesse mundo psíquico mais oculto é que se torna possível a complementação através da *anima* ou do *animus* que se acha ali à nossa espera. Tal etapa se constitui numa das mais importantes no processo de individuação, e é disso que nos fala esse arcano.

A Lua simboliza os porões da alma, as profundezas de nosso psiquismo. A noite psicológica oferece perigos muito além da própria escuridão, é o ponto mais crítico da travessia. Aqui nosso herói pode entrar em desespero e perder-se definitivamente no labirinto do inconsciente. Chega ao extremo de acreditar que todo seu caminho foi percorrido em vão e que, além de estar perdido, voltar agora é impossível.

Mas se mantiver dentro de si o espírito de esperança que lhe foi ensinado na lição anterior, talvez se lembre de que no fim de toda longa noite sempre surge o Sol do novo dia, e se mantenha fiel aos propósitos da individuação.

Nosso herói, para atingir o "si mesmo", deverá fazer a travessia pelas misteriosas águas do inconsciente — representadas na carta pelo lago — e vencer os aspectos mais sombrios de si próprio — as duas feras que encontra a seguir. Só assim é que poderá alcançar os dois arbustos que se acham lado a lado e que significam sua complementação.

ARCANO XIX — O SOL

Quando as personificações daquilo que é a *anima* ou o *animus* são assimiladas e se incorporam ao indivíduo, o seu lado consciente funde-se com seu lado inconsciente e por meio dessa experiência transcendental chega-se ao núcleo interior da psique, o *self*.

Esta é a experiência que se acha retratada nessa carta. Ocorre quando o ego e o Eu profundo, representados aqui pelos dois meninos gêmeos, se encontram e se tocam mutuamente após terem transposto um muro que até então os separava. Tal experiência é chamada pelos religiosos de êxtase e pelos místicos de iluminação cósmica.

A carta ainda traz o Sol como elemento áureo que simbolicamente surge no psiquismo após toda a individuação ter se realizado. Quando o *self* é atingido, o ser humano tem uma porta que se abre para a divindade. Passando por ela experimenta a sensação de plenitude.

Mas essa situação não é — nem poderia ser — eterna. Após a breve comunhão do ego com o Eu profundo e a conseqüente experiência de plenitude, nosso

herói volta à sua simples condição humana para julgar toda a sua jornada.

Só que agora ele *sabe*!

ARCANO XX — O JULGAMENTO

Nesta penúltima passagem um julgamento se faz de toda a jornada transcorrida, passo a passo, lição por lição. É uma carta de análise, pois após a comunhão com a divindade nosso herói tenta reorganizar seu universo psicológico e avaliar conscientemente sua tão recente experiência transcendental de iluminação.

A grande mandala que se forma na carta seguinte aqui já se acha esboçada: são quatro os personagens desse arcano, dois deles — um homem e uma mulher — formando seu eixo horizontal, e outros dois — um anjo e um ser humano —, seu eixo vertical.

O personagem nu no eixo do anjo representa o ser que renasce para uma nova vida e é recebido em ação de graças pelos que ali se encontram. Ele terminará seu ciclo na carta seguinte, a síntese de toda essa jornada arquetípica.

ARCANO XXI — O MUNDO

Essa carta é a conclusão de uma grande mandala, dentro da qual muitas mandalas menores estiveram

presentes mediante as situações representadas por cada arcano. O Mundo simboliza a síntese de uma jornada e o fim de um ciclo, mas ao mesmo tempo é uma porta que se abre para novas caminhadas. A individuação nunca termina. Sempre seremos sábios em relação às experiências já vividas e loucos frente a tudo que nos seja novo. Quanto mais aprendemos, maiores se tornam os horizontes ainda por abraçar e, conseqüentemente, maior é nossa ignorância.

Esse arcano sugere uma grande mandala composta por um círculo dentro de um quadrado, lembrados pela forma oval dentro da moldura retangular.

O círculo está simbolicamente relacionado ao plano divino, enquanto o quadrado representa o plano humano de existência.

Quadrar o círculo é, portanto, fazer caber a divindade dentro do homem, e sempre foi esta a preocupação de todos os místicos e alquimistas. É isto o que se representa nesse arcano, uma síntese que envolve a natureza humana e a natureza divina, fundidas numa só mandala. As quatro figuras nos cantos da carta nos sugerem a totalidade, e o ser andrógino que dança uma música divina dentro do círculo representa o Eu individuado, pleno e livre.

Vamos começar de novo?

Para Finalizar

Por questão de espaço não escrevi um capítulo sobre métodos de leitura das cartas. No entanto, convém dizer que não há método mais ou menos correto, todos são válidos desde que você se sinta bem com eles. Caso queira, você pode até inventar seu próprio método de deitar as cartas, mas não esqueça que é fundamental que haja uma questão para se ler a respeito, ou seja, um motivo pelo qual recorremos ao tarô como objeto de estudo. A leitura serve para mobilizar o seu inconsciente. Jung chamou de *sincronicidade* todo tipo de coincidência significativa que de alguma forma esteja relacionada com o psiquismo do indivíduo que a presencia. Isto é, estando preocupado em resolver certo problema, o indivíduo poderá encontrar numa leitura de tarô vários significados, arquetípicos ou não, que com ele estejam relacionados, e a partir daí repensar o seu problema.

Nas indicações de leitura mencionarei livros que oferecem métodos para a leitura das cartas.

INDICAÇÕES PARA LEITURA

Os melhores livros sobre o tarô são *Jung e o tarô*, da psiquiatra Sallie Nichols (Editora Cultrix, São Paulo, 1988), e *Meditações sobre os 22 arcanos maiores do tarô*, de autor desconhecido (Edições Paulinas, São Paulo, 1989). O primeiro apresenta uma abordagem psicológica do tarô e traz também um capítulo razoável ensinando como se lêem as cartas. Não há necessidade de conhecimentos prévios de psicologia para se compreender este livro, que é bem escrito sem ser simplista. O segundo traz um enfoque filosófico dos arcanos, seu texto é denso e pede uma leitura contemplativa e sem pressa. Ambos valem a pena por sua profundidade e maturidade.

Considero um livro regular sobre o tema o *Tarô clássico*, de Stuart Kaplan (Editora Pensamento, São Paulo, 1983), por trazer alguma informação histórica interessante e também por ensinar alguns métodos de leitura.

Há ainda o *Tarô mitológico*, de J. Burke e L. Greene (Editora Siciliano, São Paulo, 1988), que pretende fazer uma abordagem mitológica dos arcanos, mas é um pouco infantil. Parece-me um pouco melhor *Mitos e tarôs*, de Dicta e Françoise (Editora Pensamento, São Paulo, 1990). Mas se você quiser aprender mitologia leia *Mitologia grega*, de Junito de Souza Brandão (Editora Vozes, Petrópolis, 1988, 3 vols.), e não livros sobre tarô.

Os demais títulos, que existem em quantidade no mercado, são, para mim, todos descartáveis.

SOBRE O AUTOR

Nasci em São Paulo, aos 10 de fevereiro de 1965. Com 24 anos, formei-me em medicina pela Santa Casa de São Paulo e, em 1993, obtive título de especialista em psiquiatria, tendo sido aluno do eminente psiquiatra Dr. Carol Sonenreich.

Aos 29 anos, tornei-me o mais jovem diretor clínico de um Hospital Psiquiátrico e dirigi por seis anos a Casa de Saúde de São João de Deus, da Ordem Hospitaleira de mesmo nome.

Publiquei trabalhos acadêmicos e livros em diferentes áreas do conhecimento e sou articulista da Revista Planeta, publicação da Editora Três, para a qual escrevo matérias mensalmente.

Contestando o discurso psiquiátrico dominante – o neurocientífico, que a meu ver é mero equívoco neopositivista, também reflexo da decadente sociedade norte-americana –, desde 1996 venho desenvolvendo minha própria abordagem psicoclínica, a **Psicoterapia do Encantamento**, que tem por referencial teórico a Psicologia Junguiana, pauta-se pela Senda da Alquimia e explora a Mitologia Pessoal tanto por meio de Ritos iniciáticos e Práticas Xamânicas, como pela milenar prática da Hiperventilação, propiciadora de Estados Alterados de Consciência.

Em minha clínica médica, atendo como psiquiatra, *Psicoterapeuta do Encantamento* e acupunturista. Também pratico a Hipnose Clínica desde 1992, aprendida com o mestre André Carneiro.

Para manter contato com meus leitores:
Correio eletrônico: urban@ paulourban.com.br
Página na Rede: www.paulourban.com.br